© Copyright Upbility Publications LTD, 2018

Cette publication est protégée par le droit d'auteur. La mention des droits d'auteur, présente sur chaque page, doit être conservée sur tous les exemplaires (impressions, etc.) de cette page. L'absence de cette mention constitue une violation de la loi relative aux droits d'auteur et expose le contrevenant à des poursuites judiciaires.

Les opinions exprimées dans cet ouvrage sont uniquement celles de l'auteur. Ce dernier garantit être le propriétaire du contenu de ce livre ou disposer des droits nécessaires sur ledit contenu.

Toute publication ou reproduction du matériel, intégrale ou partielle, de quelque manière que ce soit, ainsi que toute traduction, adaptation ou exploitation de quelque manière que ce soit, sont interdites sans l'autorisation écrite expresse de l'éditeur, sauf pour l'utilisation de courtes citations dans une critique de livre. Est également interdite toute reproduction de la composition, de la mise en page, de la couverture et plus généralement, de tout l'aspect graphique du matériel, par quelque moyen que ce soit (photocopie, moyen électronique ou autre). Tout exemplaire des pages de cet ouvrage doit contenir la mention des droits d'auteurs.

Upbility Publications LTD, 81-83 Grivas Digenis Avenue, 1090 Nicosia, Cyprus
e-mail: info@upbility.eu
www.upbility.fr

SKU: FR-EB1069

Auteur: Aliki Kassotaki logopède, MSc, BSc
Traduction et révision des textes: Kaliopi Lolos

Fait ou Opinion | Sommaire

Partie théorique

Pensée critique - Définition	2
L'homme qui a une pensée critique	3
Classification des compétences de la pensée critique / Benjamin Bloom /	4
Classification des compétences de la pensée critique - pyramide	5
Verbes utiles pour la taxonomie des compétences de la pensée critique	6
Distinction entre un fait et une opinion	7
Reconnaître un fait et une opinion	8
Analyse du contenu	9
Structure du contenu	10
Tableau récapitulatif /Cartes-images 1/	11
Tableau récapitulatif /Cartes-images 2/	12

Partie pratique

Niveau 1 - Cartes-images 1

Comprendre les concepts /fait - opinion/	14

Niveau 2 - Cartes-images 2

Choisir les concepts /fait - opinion/	35

Niveau 3 - Feuilles d'exercices/Activités

Rechercher et répertorier /fait - opinion/- visualisation	96
Rechercher et répertorier /fait - opinion/ avec des expressions spécifiques	116
Rechercher et répertorier /fait - opinion/ - texte	126
Rechercher et répertorier /fait - opinion/ - justification	130
Rechercher et répertorier /fait - opinion/ - reconnaissance	141
Rechercher et répertorier/fait - opinion/ - sujet	149

Pensée critique - Définition

Fait ou opinion

La pensée critique est la fonction mentale et émotionnelle dans laquelle l'individu évalue la fiabilité de l'information et décide ce qu'il doit penser ou faire en raisonnant sur la base de tous les éléments à sa disposition.

La pensée critique est une pensée claire, rationnelle, logique et indépendante. Il s'agit d'améliorer la réflexion par l'analyse, l'évaluation et la reconstruction de notre façon de penser. La pensée critique implique la prise de conscience de la communication, la résolution de problèmes et l'absence de préjugés ou de tendances égocentriques. Vous pouvez appliquer une pensée critique à tous types de sujets, de problèmes ou de situations de votre choix.

Fait ou Opinion | L'individu à l'esprit critique

L'individu qui a une pensée critique :

♣ cherche d'autres solutions

♣ connaît bien le sujet

♣ est ouvert aux différentes approches et points de vue des autres

♣ peut dissocier les données empiriques de l'état émotionnel susceptible d'influencer la prise de décision

♣ cherche les causes sous-jacentes

♣ peut concentrer ses pensées sur des questions spécifiques

♣ pose des questions qui nécessitent des réponses logiques

♣ cherche des contingences potentielles, étudie, compare, discerne, sélectionne, et finalement tire des conclusions

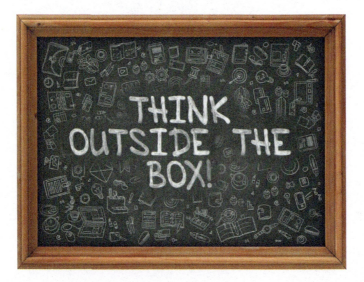

Classification des compétences de la pensée critique / Benjamin Bloom / :

Connaissances : Le rappel des informations

Compréhension : La traduction ou l'interprétation des connaissances

Application : L'application des connaissances à une nouvelle situation

Analyse : La capacité de diviser les informations en parties, la présentation des relations entre elles

Synthèse : La capacité de regrouper les éléments de connaissances pour former un nouvel ensemble et établir des relations pour de nouvelles situations

Évaluation : La capacité de juger/évaluer la valeur et l'exhaustivité de l'information et des méthodes dans un but particulier

Classification des compétences de la pensée critique / Benjamin Bloom / :

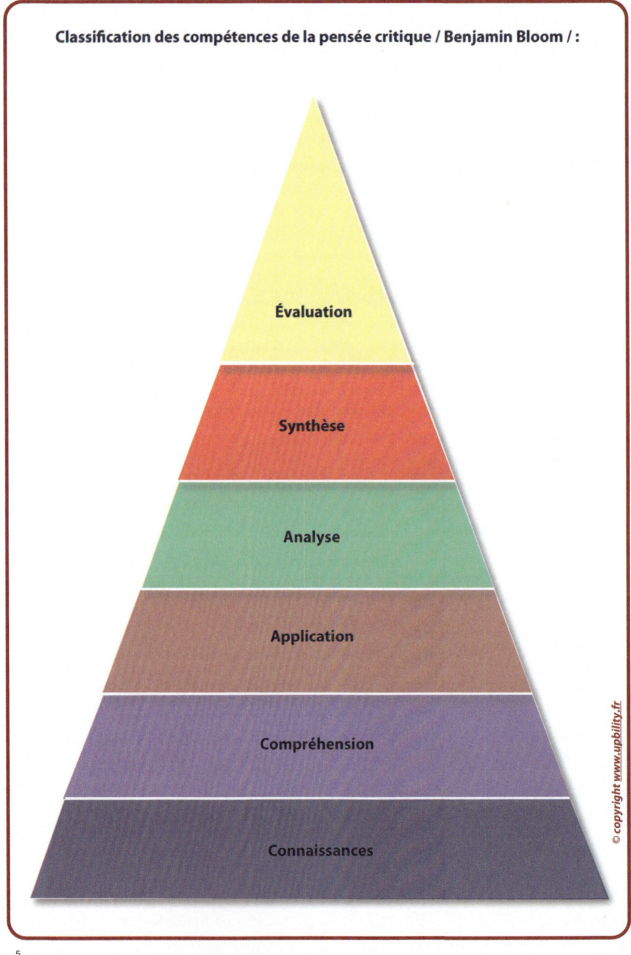

Verbes utiles pour la taxonomie des compétences de la pensée critique

Connaissances
dire, nommer, décrire, associer, repérer, écrire, trouver

Compréhension
expliquer, interpréter, planifier, discuter, voir, anticiper, répéter, traduire, comparer décrire

Application
résoudre, suggérer, utiliser, dépeindre, construire, compléter, examiner, classer

Analyse
analyser, discerner, examiner comparer, opposer, chercher, classifier, reconnaître, expliquer séparer

Synthèse
créer, inventer synthétiser, prévoir concevoir, fabriquer imaginer, suggérer inventer, formuler

Évaluation
juger, choisir, sélectionner décider, justifier, discuter, vérifier, douter, suggérer, apprécier, évaluer, hiérarchiser décider

Fait ou opinion ?

Distinction entre un fait et une opinion

Un **fait** est quelque chose qui peut être vérifié avec des preuves, par exemple : « La cerise a un noyau ».

L'**opinion** se base sur une croyance et un point de vue. Les opinions sont souvent des interprétations personnelles et ne peuvent être vérifiées avec des preuves. Par exemple : « Les fraises sont plus délicieuses que les cerises ». Les opinions sont souvent (mais pas toujours) introduites avec des termes tels que « croire », « apparaître » ou avec des adjectifs (beau, bon, doux, laid, etc.), des comparatifs et superlatifs, (« meilleur », « le meilleur »).

Reconnaître un fait et une opinion

Souvent, nous utilisons alternativement des faits et des opinions/points de vue dans notre discours. Les compétences de pensée critique peuvent aider l'enfant à distinguer les faits des opinions rapidement et facilement.

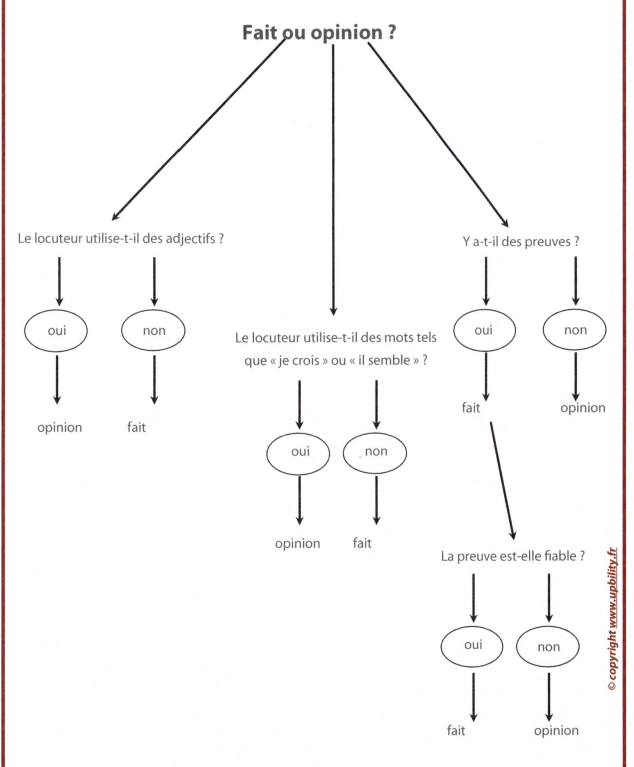

Fait ou opinion ?

Analyse du contenu

Objectif thérapeutique :

L'objectif de la pensée critique dans ce livre est de pouvoir distinguer un fait d'une opinion et de pouvoir les utiliser. *L'objectif linguistique* est d'exprimer l'opinion et de la justifier.

Justification :

Il nous est parfois arrivé de lire des textes ou d'entendre des gens qui prétendent présenter de facto des faits exacts. Cependant, dans de tels cas, il est important d'aborder le texte ou les mots du locuteur avec un regard critique sur l'information que nous recevons. En analysant l'information de cette manière, l'élève peut apprendre à reconnaître l'opinion et le fait à travers le langage utilisé, puis apprendre à exprimer sa propre opinion (orale ou écrite).

Un fait peut s'avérer vrai ou faux.

L'opinion est une expression d'émotions ou un point de vue et nous ne pouvons prouver qu'elle est vraie ou fausse. L'enfant est invité à distinguer un fait d'une opinion et ensuite à expliquer - si c'est un fait - comment il peut être prouvé, ou - s'il s'agit d'une opinion - pourquoi il estime qu'elle ne peut être prouvée.

Fait ou opinion ?

Structure du contenu

Le livre « Développement de la Pensée Critique | Fait ou Opinion » comprend 153 pages, un bref aperçu théorique, 20 images pour la compréhension des concepts / fait-opinion /, 60 images pour le choix des concepts / fait-opinion / et 57 fiches de travail avec des activités classées par niveau de difficulté, pour la généralisation et l'inventaire (écrit) des concepts ci-dessus.

Procédure (étapes) d'administration :

images 1 - Utilisez les cartes-images (un thème - 10 phrases) pour apprendre à l'enfant les concepts du fait et de l'opinion.

images 2 - Ensuite, utilisez les images 2 (un thème - deux phrases - un fait et une opinion) pour que l'enfant puisse déterminer seul quel est le fait et quelle est l'opinion sur un thème spécifique.

Feuilles d'exercices/activités - À ce niveau, l'enfant est invité, à travers de nombreuses activités, à généraliser les concepts / fait-opinion / qu'il a appris.

Fait ou opinion

Le tableau suivant reprend le vocabulaire utilisé pour comprendre les concepts /fait - opinion /

Vocabulaire (cartes-images 1) :

1. nourriture (panier de supermarché)
2. vêtements (écharpe, sac)
3. rue éclairée
4. automne
5. confiture
6. printemps
7. plat
8. forêt
9. grenouille
10. sandwich (en-cas)
11. pain (grille-pain)
12. fraise
13. cuisine
14. robe
15. été
16. instituteur
17. vache
18. pièce
19. livres
20. bain

Fait ou opinion

Le tableau suivant reprend le vocabulaire utilisé pour comprendre et distinguer les concepts /fait - opinion /

Vocabulaire (images 2) :

1. crayons
2. fleur
3. toupie
4. légumes
5. tarte
6. poussins
7. sandales
8. fraises
9. jupe
10. puzzle
11. échecs
12. glaçons
13. cubes
14. orange
15. boissons
16. assiette
17. nettoyage
18. chaussettes
19. souris
20. sièges
21. pull
22. citron
23. ballons
24. biscuits
25. chariot
26. casquette
27. robe
28. lampe-torche
29. poêle
30. couteau
31. crayon
32. livres
33. plasticine
34. marqueurs
35. cahier
36. pistolet à eau
37. ours
38. escargot
39. papillon
40. étoile de mer
41. clés
42. fer à repasser
43. toits
44. rue
45. coucher de soleil
46. mur
47. vélos
48. filles
49. biscuits de Noël
50. maison
51. mer
52. prairie
53. décorations de Noël
54. fenêtre/vue
55. canapé
56. pot
57. cheminée
58. casserole
59. barques
60. crépuscule

images 1

Utilisez les images (un thème - 10 phrases) pour apprendre à l'enfant les concepts du fait et de l'opinion.

faits :

- Les fruits et les légumes sont sains.
- L'épicerie vend des légumes.
- La banane est jaune.
- L'aubergine est un légume.
- Le supermarché vend beaucoup d'aliments.

opinions :

- Les fruits sont délicieux.
- Les enfants n'aiment pas les légumes.
- J'aime la banane.
- L'aubergine n'a pas de goût.
- Le supermarché est immense.

faits :

- L'écharpe se porte autour du cou.
- Nous mettons des affaires dans le sac.
- L'écharpe est un vêtement.
- Le sac a des poignées.
- Ma mère a un sac.

opinions :

- L'écharpe est plus utile que le sac.
- L'écharpe est un vêtement indispensable pour l'hiver.
- Le sac de ma mère est très beau.
- Toutes les femmes ont un sac.
- Mon écharpe est belle.

faits :

- La nuit, sur la route, les réverbères sont allumés.
- Les réverbères éclairent la route.
- La route a deux bandes.
- La nuit, nous voyons la lune dans le ciel.
- La nuit, la route est éclairée.

opinions :

- La nuit, la route est déserte.
- J'aime les promenades nocturnes.
- J'aime voyager la nuit.
- J'aime regarder la lune.
- Les réverbères sont incroyables.

faits :

- L'automne, les arbres perdent leurs feuilles.
- Après l'automne vient l'hiver.
- L'école commence en automne.
- L'automne comprend trois mois.
- Septembre est le premier mois de l'automne.

opinions :

- L'automne est la meilleure saison de l'année.
- Septembre est un mois horrible.
- J'aime les couleurs de l'automne.
- Les paysages d'automne sont fantastiques.
- L'automne est une saison mélancolique.

faits :

- La confiture est sucrée.
- La confiture est faite de fruits.
- La confiture se mange avec du pain.
- La confiture contient du sucre.
- La confiture se vend au supermarché.

opinions :

- Ma grand-mère fait la meilleure confiture.
- Je n'aime pas du tout la confiture.
- La confiture est délicieuse.
- La confiture sent bon.
- Tous les enfants aiment la confiture.

faits :

- Le printemps est une saison.
- Après le printemps vient l'été.
- Les fleurs fleurissent au printemps.
- Avant le printemps, c'est l'hiver.
- Au printemps, les feuilles des arbres sont vertes.

opinions :

- Le printemps est la meilleure saison de l'année.
- Je me sens bien au printemps.
- Les enfants aiment le printemps.
- Au printemps, les animaux sont joyeux.
- L'été est une meilleure saison que le printemps.

faits :

- Les spaghettis sont un plat.
- Au restaurant, il y a de nombreux plats.
- Ma mère cuisine des plats.
- Le plat est servi dans une assiette.
- Le plat est dans la cuisine.

opinions :

- Nous ne parlons pas en mangeant.
- Mon plat préféré sont les spaghettis.
- J'aime les plats faits maison.
- Je n'aime pas les lentilles.
- Les enfants doivent terminer leur assiette.

faits :

- Il y a des arbres dans la forêt.
- Il y a des plantes dans la forêt.
- Beaucoup d'animaux vivent dans la forêt.
- Les champignons ont un pied court.
- Il y a des champignons vénéneux.

opinions :

- Avec des champignons, on fait une excellente soupe aux champignons.
- J'aime les balades en forêt.
- La forêt apporte calme et sérénité.
- La forêt est l'amie de l'homme.
- Les champignons sont beaux.

9

faits :

- La grenouille est un animal.
- La grenouille est verte.
- La grenouille vit près du lac.
- La grenouille tient un cœur.
- La grenouille porte une couronne.

opinions :

- La grenouille est un animal adorable.
- La grenouille est un animal dégoûtant.
- La grenouille est la reine.
- La grenouille est mon animal préféré.
- La grenouille est intelligente.

faits :

- Le sandwich est un en-cas.
- Le sandwich est composé de deux tranches de pain.
- Le sandwich tient son nom de John Montagu, le 4ème compte de Sandwich.
- Il y a des sandwiches sucrés et salés.

opinions :

- Le sandwich est bon.
- Le sandwich est délicieux.
- Le sandwich est un repas populaire.
- Je pourrais manger des sandwiches tous les jours.
- Le sandwich salé est meilleur que le sandwich sucré.

faits :

- La grille-pain est un appareil électrique.
- Le pain est fait de farine et d'eau.
- Le pain est un aliment de base en Europe.
- Il y a différentes sortes de pain.
- Le pain se cuit dans un four.

opinions :

- Le grille-pain est plus utile que l'appareil à croque-monsieur.
- Le pain est indispensable à chaque repas.
- Le pain est délicieux.
- Les enfants aiment le pain.
- Tout le monde aime le pain.

faits :

- La fraise est un fruit.
- La fraise est rouge.
- Les fleurs du fraisier sont blanches.
- Le fraisier est une plante vivace.
- La fraise est riche en vitamines C.

opinions :

- La fraise est un fruit délicieux.
- La fraise est un fruit impressionnant.
- La fraise se marie bien avec le chocolat.
- La meilleure confiture est la confiture de fraise.
- La fraise sent bon.

faits :

- La cuisine est une pièce de la maison.
- Dans la cuisine se trouve le four.
- Nous mangeons dans la cuisine.
- Dans la cuisine se trouve le frigo.
- Dans la cuisine se trouve l'évier.

opinions :

- La cuisine est ma pièce préférée.
- Les meubles de la cuisine sont en bois.
- La cuisine est toujours propre.
- La cuisine est la pièce la plus grande.
- Nous passons beaucoup de temps dans la cuisine.

faits :

- La robe est un vêtement pour femmes.
- Il y a des robes d'hiver et d'été.
- Les robes sont accrochées à des ceintres.
- Il y a des robes longues et courtes.
- Il y a une grande variété de robes.

opinions :

- Les robes de soirée sont impressionnantes.
- La robe noire est plus belle que la robe orange.
- La robe est un vêtement ample.
- Les robes longues sont fabuleuses.

faits :

- L'été est une saison.
- Le mois d'août est un mois d'été.
- En été, il fait chaud.
- En été, on se baigne dans la mer.
- En été, les écoles sont fermées.

opinions :

- L'été passe vite !
- L'été est la meilleure saison de l'année.
- Les enfants aiment beaucoup l'été.
- L'été passé était inoubliable.
- L'été est la saison la plus amusante.

faits :

- L'institutrice enseigne à l'école.
- L'institutrice apprend aux enfants à lire.
- L'institutrice apprend aux enfants à écrire.
- L'institutrice donne cours dans sa classe.
- L'institutrice a des élèves.

opinions :

- Mon institutrice est la meilleure institutrice au monde.
- L'institutrice est belle.
- L'institutrice est sévère.
- La jeune institutrice est pleine de vie.
- L'institutrice est adorable.

17

faits :

- Notre vache donne du lait.
- La vache paît dans la prairie.
- La vache vit dans une ferme.
- Le petit de la vache est le veau.
- La taureau est symbole de force et de fertilité.

opinions :

- La vache est un animal calme.
- Le cheval est un meilleur animal que la vache.
- La vache est le meilleur animal de la ferme.
- La vache inspire les dessinateurs.
- La vache est un animal sympathique.

© copyright www.upbility.fr

faits :

- La chambre est vide.
- La chambre a un plancher en bois.
- La chambre a des fenêtres.
- Il n'y a pas de meubles dans la chambre.
- Il y a un ventilateur dans la chambre.

opinions :

- La chambre est belle.
- La chambre a une belle vue.
- Je vais mettre de beaux meubles dans la chambre.
- Le plancher en bois est meilleur que le carrelage.
- La couleur du mur est reposante pour les yeux.

faits :

- Il y a des livres dans la bibliothèque.
- Les livres se lisent.
- À l'école, nous avons des livres.
- Il y a des livres dans le cartable.
- Le livre a des pages.

opinions :

- Le livre est un trésor.
- La valeur d'un livre est inestimable.
- Les livres de littérature sont les meilleurs.
- Tous les enfants aiment les livres.
- Les livres scolaires sont difficiles.

faits :

- La salle de bain est une pièce de la maison.
- Le lavabo se trouve dans la salle de bain.
- La toilette se trouve dans la salle de bain.
- Nous prenons un bain dans la baignoire.
- La baignoire se trouve dans la salle de bain.

opinions :

- La salle de bain est la pièce la plus laide de la maison.
- La salle de bain est belle.
- La salle de bain est grande.
- Les bébés aiment les bains.
- Un bain chaud est relaxant.

Cartes-images 2

Vous pouvez utiliser les cartes-images 2 (un thème - deux phrases - un fait et une opinion) pour que l'enfant puisse déterminer seul quel est le fait et quelle est l'opinion sur un thème spécifique.

1

fait ou opinion ?

Le fait est quelque chose qui est vrai ou qui peut être prouvé.
L'opinion est ton ressenti ou ce que quelqu'un d'autre ressent sur un sujet particulier.

Lis/écoute les phrases suivantes et décide pour chacune d'entre elles si c'est un fait ou une opinion.

1 Il y a des crayons de beaucoup de couleurs.

2 Les crayons de couleurs dessinent bien.

© copyright www.upbility.fr

fait ou opinion ?

**Le fait est quelque chose qui est vrai ou qui peut être prouvé.
L'opinion est ton ressenti ou ce que quelqu'un d'autre ressent sur un sujet particulier.**

Lis/écoute les phrases suivantes et décide pour chacune d'entre elles si c'est un fait ou une opinion.

1 La fleur sent merveilleusement bon.

2 La fleur est rouge.

3

fait ou opinion ?

***Le fait est quelque chose qui est vrai ou qui peut être prouvé.
L'opinion est ton ressenti ou ce que quelqu'un d'autre ressent sur un sujet particulier.***

Lis/écoute les phrases suivantes et décide pour chacune d'entre elles si c'est un fait ou une opinion.

1 La toupie tourne sur elle-même.

2 La toupie est un jeu ennuyant.

© copyright www.upbility.fr

fait ou opinion ?

***Le fait est quelque chose qui est vrai ou qui peut être prouvé.
L'opinion est ton ressenti ou ce que quelqu'un d'autre ressent sur un sujet particulier.***

Lis/écoute les phrases suivantes et décide pour chacune d'entre elles si c'est un fait ou une opinion.

1 Les légumes sont délicieux.

2 Les légumes sont sains.

5

fait ou opinion ?

***Le fait est quelque chose qui est vrai ou qui peut être prouvé.
L'opinion est ton ressenti ou ce que quelqu'un d'autre ressent sur un sujet particulier.***

Lis/écoute les phrases suivantes et décide pour chacune d'entre elles si c'est un fait ou une opinion.

1 Le gâteau est délicieux.

2 Le gâteau est sucré.

fait ou opinion ?

**Le fait est quelque chose qui est vrai ou qui peut être prouvé.
L'opinion est ton ressenti ou ce que quelqu'un d'autre ressent sur un sujet particulier.**

Lis/écoute les phrases suivantes et décide pour chacune d'entre elles si c'est un fait ou une opinion.

1 Il y a huit poussins.

2 Les poussins sont des animaux très doux.

fait ou opinion ?

***Le fait est quelque chose qui est vrai ou qui peut être prouvé.
L'opinion est ton ressenti ou ce que quelqu'un d'autre ressent sur un sujet particulier.***

Lis/écoute les phrases suivantes et décide pour chacune d'entre elles si c'est un fait ou une opinion.

1 Les sandales sont des chaussures agréables à porter.

2 Les sandales sont des chaussures d'été.

fait ou opinion ?

**Le fait est quelque chose qui est vrai ou qui peut être prouvé.
L'opinion est ton ressenti ou ce que quelqu'un d'autre ressent sur un sujet particulier.**

Lis/écoute les phrases suivantes et décide pour chacune d'entre elles si c'est un fait ou une opinion.

1 Les fraises sont rouges.

2 Les fraises sont délicieuses.

9

fait ou opinion ?

**Le fait est quelque chose qui est vrai ou qui peut être prouvé.
L'opinion est ton ressenti ou ce que quelqu'un d'autre ressent sur un sujet particulier.**

Lis/écoute les phrases suivantes et décide pour chacune d'entre elles si c'est un fait ou une opinion.

1 La jupe est un vêtement ample.

2 Les filles portent des jupes.

© copyright www.upbility.fr

fait ou opinion ?

**Le fait est quelque chose qui est vrai ou qui peut être prouvé.
L'opinion est ton ressenti ou ce que quelqu'un d'autre ressent sur un sujet particulier.**

Lis/écoute les phrases suivantes et décide pour chacune d'entre elles si c'est un fait ou une opinion.

1 Le puzzle a des pièces.

2 Le puzzle est un jeu difficile.

fait ou opinion ?

**Le fait est quelque chose qui est vrai ou qui peut être prouvé.
L'opinion est ton ressenti ou ce que quelqu'un d'autre ressent sur un sujet particulier.**

Lis/écoute les phrases suivantes et décide pour chacune d'entre elles si c'est un fait ou une opinion.

1 Le jeu d'échecs est mon jeu préféré.

2 Le jeu d'échecs a des pions.

12

fait ou opinion ?

Le fait est quelque chose qui est vrai ou qui peut être prouvé.
L'opinion est ton ressenti ou ce que quelqu'un d'autre ressent sur un sujet particulier.

Lis/écoute les phrases suivantes et décide pour chacune d'entre elles si c'est un fait ou une opinion.

1 Les glaçons sont froids.

2 J'aime les jus avec des glaçons.

fait ou opinion ?

**Le fait est quelque chose qui est vrai ou qui peut être prouvé.
L'opinion est ton ressenti ou ce que quelqu'un d'autre ressent sur un sujet particulier.**

Lis/écoute les phrases suivantes et décide pour chacune d'entre elles si c'est un fait ou une opinion.

1 Les cubes sont un jeu.

2 Tous les enfants jouent avec des cubes.

fait ou opinion ?

Le fait est quelque chose qui est vrai ou qui peut être prouvé.
L'opinion est ton ressenti ou ce que quelqu'un d'autre ressent sur un sujet particulier.

Lis/écoute les phrases suivantes et décide pour chacune d'entre elles si c'est un fait ou une opinion.

1 L'orange est amère.

2 L'orange est ronde.

fait ou opinion ?

Le fait est quelque chose qui est vrai ou qui peut être prouvé.
L'opinion est ton ressenti ou ce que quelqu'un d'autre ressent sur un sujet particulier.

Lis/écoute les phrases suivantes et décide pour chacune d'entre elles si c'est un fait ou une opinion.

1 Les boissons alcoolisées contiennent de l'alcool.

2 Les boissons alcoolisées sont sucrées.

16

fait ou opinion ?

Le fait est quelque chose qui est vrai ou qui peut être prouvé.
L'opinion est ton ressenti ou ce que quelqu'un d'autre ressent sur un sujet particulier.

Lis/écoute les phrases suivantes et décide pour chacune d'entre elles si c'est un fait ou une opinion.

1 L'assiette est simple et belle.

2 L'assiette est ronde.

fait ou opinion ?

**Le fait est quelque chose qui est vrai ou qui peut être prouvé.
L'opinion est ton ressenti ou ce que quelqu'un d'autre ressent sur un sujet particulier.**

Lis/écoute les phrases suivantes et décide pour chacune d'entre elles si c'est un fait ou une opinion.

1 Les tâches ménagères sont fatigantes.

2 Balayer est une tâche ménagère.

fait ou opinion ?

**Le fait est quelque chose qui est vrai ou qui peut être prouvé.
L'opinion est ton ressenti ou ce que quelqu'un d'autre ressent sur un sujet particulier.**

Lis/écoute les phrases suivantes et décide pour chacune d'entre elles si c'est un fait ou une opinion.

1 Les chaussettes sont agréables à porter.

2 Nous portons des chaussettes aux pieds.

fait ou opinion ?

**Le fait est quelque chose qui est vrai ou qui peut être prouvé.
L'opinion est ton ressenti ou ce que quelqu'un d'autre ressent sur un sujet particulier.**

Lis/écoute les phrases suivantes et décide pour chacune d'entre elles si c'est un fait ou une opinion.

1 Les souris sont les animaux les plus doux du monde.

2 Il y a deux souris.

fait ou opinion ?

Le fait est quelque chose qui est vrai ou qui peut être prouvé.
L'opinion est ton ressenti ou ce que quelqu'un d'autre ressent sur un sujet particulier.

Lis/écoute les phrases suivantes et décide pour chacune d'entre elles si c'est un fait ou une opinion.

1 Il y a beaucoup de sièges.

2 Les sièges sont confortables.

fait ou opinion ?

***Le fait est quelque chose qui est vrai ou qui peut être prouvé.
L'opinion est ton ressenti ou ce que quelqu'un d'autre ressent sur un sujet particulier.***

Lis/écoute les phrases suivantes et décide pour chacune d'entre elles si c'est un fait ou une opinion.

1 Le pull a une fermeture éclair.

2 Le pull est chaud.

fait ou opinion ?

Le fait est quelque chose qui est vrai ou qui peut être prouvé.
L'opinion est ton ressenti ou ce que quelqu'un d'autre ressent sur un sujet particulier.

Lis/écoute les phrases suivantes et décide pour chacune d'entre elles si c'est un fait ou une opinion.

1 Je n'aime pas le citron.

2 Le citron a un goût amer.

fait ou opinion ?

**Le fait est quelque chose qui est vrai ou qui peut être prouvé.
L'opinion est ton ressenti ou ce que quelqu'un d'autre ressent sur un sujet particulier.**

Lis/écoute les phrases suivantes et décide pour chacune d'entre elles si c'est un fait ou une opinion.

1 Seuls les enfants ont des ballons.

2 Les ballons sont de toutes les couleurs.

24

fait ou opinion ?

Le fait est quelque chose qui est vrai ou qui peut être prouvé.
L'opinion est ton ressenti ou ce que quelqu'un d'autre ressent sur un sujet particulier.

Lis/écoute les phrases suivantes et décide pour chacune d'entre elles si c'est un fait ou une opinion.

1 Les biscuits ne sont pas bons.

2 Les biscuits sont croustillants.

fait ou opinion ?

***Le fait est quelque chose qui est vrai ou qui peut être prouvé.
L'opinion est ton ressenti ou ce que quelqu'un d'autre ressent sur un sujet particulier.***

Lis/écoute les phrases suivantes et décide pour chacune d'entre elles si c'est un fait ou une opinion.

1 Le chariot est pratique.

2 Le chariot est vide.

fait ou opinion ?

**Le fait est quelque chose qui est vrai ou qui peut être prouvé.
L'opinion est ton ressenti ou ce que quelqu'un d'autre ressent sur un sujet particulier.**

Lis/écoute les phrases suivantes et décide pour chacune d'entre elles si c'est un fait ou une opinion.

1 Le bonnet est rouge.

2 Le bonnet est doux et utile.

fait ou opinion ?

***Le fait est quelque chose qui est vrai ou qui peut être prouvé.
L'opinion est ton ressenti ou ce que quelqu'un d'autre ressent sur un sujet particulier.***

Lis/écoute les phrases suivantes et décide pour chacune d'entre elles si c'est un fait ou une opinion.

1 Les filles portent des robes.

2 La robe est un beau vêtement.

fait ou opinion ?

**Le fait est quelque chose qui est vrai ou qui peut être prouvé.
L'opinion est ton ressenti ou ce que quelqu'un d'autre ressent sur un sujet particulier.**

Lis/écoute les phrases suivantes et décide pour chacune d'entre elles si c'est un fait ou une opinion.

1 La lampe torche est indispensable.

2 La lampe torche éclaire.

fait ou opinion ?

**Le fait est quelque chose qui est vrai ou qui peut être prouvé.
L'opinion est ton ressenti ou ce que quelqu'un d'autre ressent sur un sujet particulier.**

Lis/écoute les phrases suivantes et décide pour chacune d'entre elles si c'est un fait ou une opinion.

1 Les plats préparés à la poêle sont meilleurs que ceux préparés dans la casserole.

2 La poêle sert à cuisiner.

30

fait ou opinion ?

Le fait est quelque chose qui est vrai ou qui peut être prouvé.
L'opinion est ton ressenti ou ce que quelqu'un d'autre ressent sur un sujet particulier.

Lis/écoute les phrases suivantes et décide pour chacune d'entre elles si c'est un fait ou une opinion.

1 Le couteau est coupant.

2 Les enfants ne peuvent pas utiliser de couteau.

fait ou opinion ?

**Le fait est quelque chose qui est vrai ou qui peut être prouvé.
L'opinion est ton ressenti ou ce que quelqu'un d'autre ressent sur un sujet particulier.**

Lis/écoute les phrases suivantes et décide pour chacune d'entre elles si c'est un fait ou une opinion.

1 Le crayon écrit mieux que le stylo.

2 Je peux effacer ce que j'écris avec un crayon.

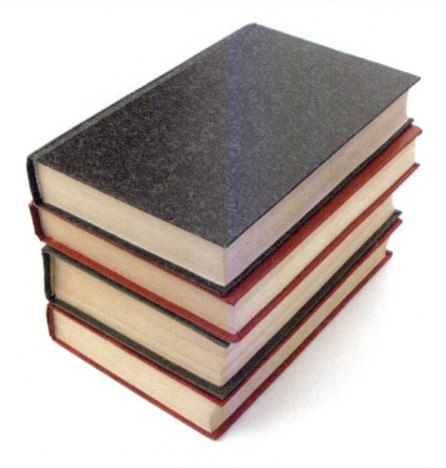

fait ou opinion ?

**Le fait est quelque chose qui est vrai ou qui peut être prouvé.
L'opinion est ton ressenti ou ce que quelqu'un d'autre ressent sur un sujet particulier.**

Lis/écoute les phrases suivantes et décide pour chacune d'entre elles si c'est un fait ou une opinion.

1 Les livres se lisent.

2 Les livres sont importants.

fait ou opinion ?

**Le fait est quelque chose qui est vrai ou qui peut être prouvé.
L'opinion est ton ressenti ou ce que quelqu'un d'autre ressent sur un sujet particulier.**

Lis/écoute les phrases suivantes et décide pour chacune d'entre elles si c'est un fait ou une opinion.

1 Il y a de nombreuses couleurs de plasticine.

2 La plasticine est un jeu fantastique.

fait ou opinion ?

Le fait est quelque chose qui est vrai ou qui peut être prouvé.
L'opinion est ton ressenti ou ce que quelqu'un d'autre ressent sur un sujet particulier.

Lis/écoute les phrases suivantes et décide pour chacune d'entre elles si c'est un fait ou une opinion.

1 Il y a des marqueurs de toutes les couleurs.

2 J'aime dessiner avec des marqueurs.

© copyright www.upbility.fr

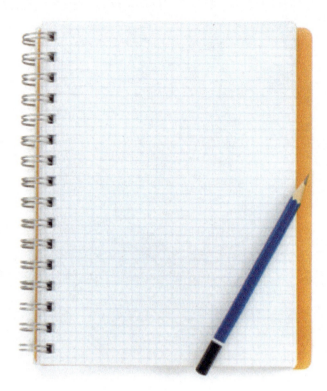

fait ou opinion ?

**Le fait est quelque chose qui est vrai ou qui peut être prouvé.
L'opinion est ton ressenti ou ce que quelqu'un d'autre ressent sur un sujet particulier.**

Lis/écoute les phrases suivantes et décide pour chacune d'entre elles si c'est un fait ou une opinion.

1. Dans un cahier, on écrit.

2. Tout le monde a des cahiers.

fait ou opinion ?

***Le fait est quelque chose qui est vrai ou qui peut être prouvé.
L'opinion est ton ressenti ou ce que quelqu'un d'autre ressent sur un sujet particulier.***

Lis/écoute les phrases suivantes et décide pour chacune d'entre elles si c'est un fait ou une opinion.

1 Les garçons aiment les pistolets à eau.

2 Le pistolet à eau jette de l'eau.

fait ou opinion ?

***Le fait est quelque chose qui est vrai ou qui peut être prouvé.
L'opinion est ton ressenti ou ce que quelqu'un d'autre ressent sur un sujet particulier.***

Lis/écoute les phrases suivantes et décide pour chacune d'entre elles si c'est un fait ou une opinion.

1 L'ours est mon animal préféré.

2 L'ours est un animal sauvage.

fait ou opinion ?

Le fait est quelque chose qui est vrai ou qui peut être prouvé.
L'opinion est ton ressenti ou ce que quelqu'un d'autre ressent sur un sujet particulier.

Lis/écoute les phrases suivantes et décide pour chacune d'entre elles si c'est un fait ou une opinion.

1 L'escargot a des antennes.

2 Je n'aime pas l'escargot.

fait ou opinion ?

**Le fait est quelque chose qui est vrai ou qui peut être prouvé.
L'opinion est ton ressenti ou ce que quelqu'un d'autre ressent sur un sujet particulier.**

Lis/écoute les phrases suivantes et décide pour chacune d'entre elles si c'est un fait ou une opinion.

1 Le papillon est un bel insecte.

2 Le papillon est un insecte.

fait ou opinion ?

***Le fait est quelque chose qui est vrai ou qui peut être prouvé.
L'opinion est ton ressenti ou ce que quelqu'un d'autre ressent sur un sujet particulier.***

Lis/écoute les phrases suivantes et décide pour chacune d'entre elles si c'est un fait ou une opinion.

1 L'étoile de mer vit dans la mer.

2 L'étoile de mer est impressionnante.

© copyright www.upbility.fr

fait ou opinion ?

*Le fait est quelque chose qui est vrai ou qui peut être prouvé.
L'opinion est ton ressenti ou ce que quelqu'un d'autre ressent sur un sujet particulier.*

Lis/écoute les phrases suivantes et décide pour chacune d'entre elles si c'est un fait ou une opinion.

1 Tout le monde a des clés.

2 La clé sert à fermer les portes.

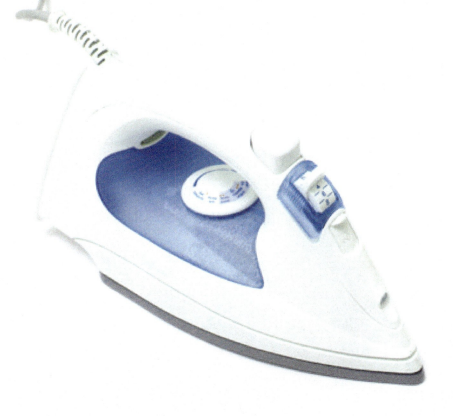

fait ou opinion ?

***Le fait est quelque chose qui est vrai ou qui peut être prouvé.
L'opinion est ton ressenti ou ce que quelqu'un d'autre ressent sur un sujet particulier.***

Lis/écoute les phrases suivantes et décide pour chacune d'entre elles si c'est un fait ou une opinion.

1 Le fer à repasser sert à repasser les vêtements.

2 Repasser des vêtements est fatiguant.

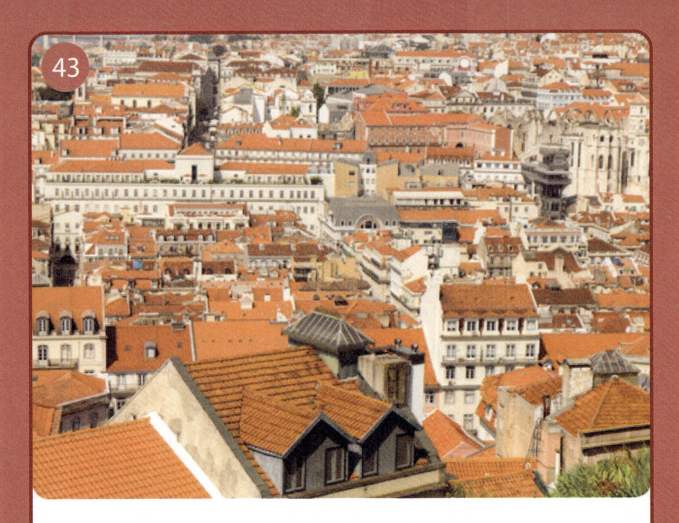

fait ou opinion ?

**Le fait est quelque chose qui est vrai ou qui peut être prouvé.
L'opinion est ton ressenti ou ce que quelqu'un d'autre ressent sur un sujet particulier.**

Lis/écoute les phrases suivantes et décide pour chacune d'entre elles si c'est un fait ou une opinion.

1 Les toits des maisons sont beaux.

2 Les maisons ont des toits.

fait ou opinion ?

Le fait est quelque chose qui est vrai ou qui peut être prouvé.
L'opinion est ton ressenti ou ce que quelqu'un d'autre ressent sur un sujet particulier.

Lis/écoute les phrases suivantes et décide pour chacune d'entre elles si c'est un fait ou une opinion.

1 Il n'y a pas de voitures dans la rue.

2 La rue est belle.

fait ou opinion ?

**Le fait est quelque chose qui est vrai ou qui peut être prouvé.
L'opinion est ton ressenti ou ce que quelqu'un d'autre ressent sur un sujet particulier.**

Lis/écoute les phrases suivantes et décide pour chacune d'entre elles si c'est un fait ou une opinion.

1 Pendant le coucher du soleil, le ciel devient rouge.

2 Le coucher du soleil est magnifique.

fait ou opinion ?

**Le fait est quelque chose qui est vrai ou qui peut être prouvé.
L'opinion est ton ressenti ou ce que quelqu'un d'autre ressent sur un sujet particulier.**

Lis/écoute les phrases suivantes et décide pour chacune d'entre elles si c'est un fait ou une opinion.

1 Il y a de beaux dessins sur le mur.

2 Il y a des dessins sur le mur.

fait ou opinion ?

*Le fait est quelque chose qui est vrai ou qui peut être prouvé.
L'opinion est ton ressenti ou ce que quelqu'un d'autre ressent sur un sujet particulier.*

Lis/écoute les phrases suivantes et décide pour chacune d'entre elles si c'est un fait ou une opinion.

1 Les vélos sont sur le bord de la rue.

2 Le vélo est un moyen de transport sûr.

fait ou opinion ?

Le fait est quelque chose qui est vrai ou qui peut être prouvé.
L'opinion est ton ressenti ou ce que quelqu'un d'autre ressent sur un sujet particulier.

Lis/écoute les phrases suivantes et décide pour chacune d'entre elles si c'est un fait ou une opinion.

1 Les filles sont des amies.

2 Les filles sourient.

fait ou opinion ?

Le fait est quelque chose qui est vrai ou qui peut être prouvé.
L'opinion est ton ressenti ou ce que quelqu'un d'autre ressent sur un sujet particulier.

Lis/écoute les phrases suivantes et décide pour chacune d'entre elles si c'est un fait ou une opinion.

1 Ce sont des biscuits de Noël.

2 Les biscuits sont délicieux.

fait ou opinion ?

**Le fait est quelque chose qui est vrai ou qui peut être prouvé.
L'opinion est ton ressenti ou ce que quelqu'un d'autre ressent sur un sujet particulier.**

Lis/écoute les phrases suivantes et décide pour chacune d'entre elles si c'est un fait ou une opinion.

1 La maison se trouve à côté de la mer.

2 C'est une maison de vacances.

fait ou opinion ?

**Le fait est quelque chose qui est vrai ou qui peut être prouvé.
L'opinion est ton ressenti ou ce que quelqu'un d'autre ressent sur un sujet particulier.**

Lis/écoute les phrases suivantes et décide pour chacune d'entre elles si c'est un fait ou une opinion.

1 La mer est immense.

2 J'aime regarder la mer.

fait ou opinion ?

Le fait est quelque chose qui est vrai ou qui peut être prouvé.
L'opinion est ton ressenti ou ce que quelqu'un d'autre ressent sur un sujet particulier.

Lis/écoute les phrases suivantes et décide pour chacune d'entre elles si c'est un fait ou une opinion.

1 La prairie est tranquille.

2 La prairie est verte.

fait ou opinion ?

***Le fait est quelque chose qui est vrai ou qui peut être prouvé.
L'opinion est ton ressenti ou ce que quelqu'un d'autre ressent sur un sujet particulier.***

Lis/écoute les phrases suivantes et décide pour chacune d'entre elles si c'est un fait ou une opinion.

1 Les décorations de Noël sont très belles.

2 Les décorations de Noël décorent le sapin.

fait ou opinion ?

Le fait est quelque chose qui est vrai ou qui peut être prouvé.
L'opinion est ton ressenti ou ce que quelqu'un d'autre ressent sur un sujet particulier.

Lis/écoute les phrases suivantes et décide pour chacune d'entre elles si c'est un fait ou une opinion.

1 La vue est magique.

2 Il y a une vue sur le lac et la forêt au fond.

fait ou opinion ?

**Le fait est quelque chose qui est vrai ou qui peut être prouvé.
L'opinion est ton ressenti ou ce que quelqu'un d'autre ressent sur un sujet particulier.**

Lis/écoute les phrases suivantes et décide pour chacune d'entre elles si c'est un fait ou une opinion.

1 Le canapé est confortable.

2 Le canapé est jaune.

fait ou opinion ?

***Le fait est quelque chose qui est vrai ou qui peut être prouvé.
L'opinion est ton ressenti ou ce que quelqu'un d'autre ressent sur un sujet particulier.***

Lis/écoute les phrases suivantes et décide pour chacune d'entre elles si c'est un fait ou une opinion.

1 La plante dans le pot est en fleurs.

2 La plante dans le pot est belle.

fait ou opinion ?

Le fait est quelque chose qui est vrai ou qui peut être prouvé.
L'opinion est ton ressenti ou ce que quelqu'un d'autre ressent sur un sujet particulier.

Lis/écoute les phrases suivantes et décide pour chacune d'entre elles si c'est un fait ou une opinion.

1 La cheminée est le coin le plus chaud de la maison.

2 La cheminée est allumée.

fait ou opinion ?

**Le fait est quelque chose qui est vrai ou qui peut être prouvé.
L'opinion est ton ressenti ou ce que quelqu'un d'autre ressent sur un sujet particulier.**

Lis/écoute les phrases suivantes et décide pour chacune d'entre elles si c'est un fait ou une opinion.

1 Les plats cuisinés dans la casserole sont délicieux.

2 La casserole a des poignées.

fait ou opinion ?

**Le fait est quelque chose qui est vrai ou qui peut être prouvé.
L'opinion est ton ressenti ou ce que quelqu'un d'autre ressent sur un sujet particulier.**

Lis/écoute les phrases suivantes et décide pour chacune d'entre elles si c'est un fait ou une opinion.

1 Les barques sont parquées sur la terre.

2 J'aime les balades en barques.

fait ou opinion ?

**Le fait est quelque chose qui est vrai ou qui peut être prouvé.
L'opinion est ton ressenti ou ce que quelqu'un d'autre ressent sur un sujet particulier.**

Lis/écoute les phrases suivantes et décide pour chacune d'entre elles si c'est un fait ou une opinion.

1 Le soleil s'est couché.

2 Les gens sont chez eux.

Feuilles d'exercices/ activités

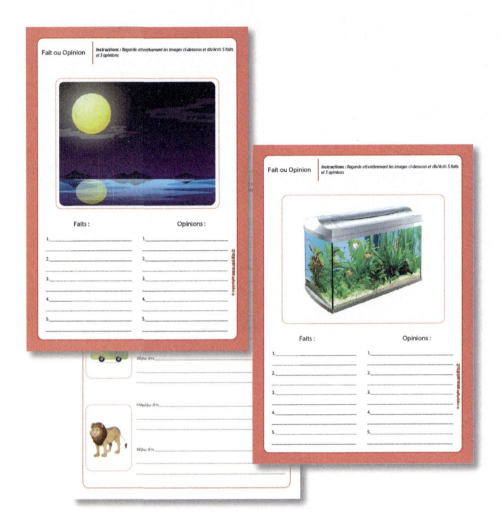

À ce niveau, l'enfant est invité, à travers de nombreuses activités, à généraliser les concepts / fait-opinion / qu'il a appris.

Fait ou Opinion

Instructions : Regarde attentivement l'image ci-dessous et dis/écris 5 faits et 5 opinions.

Faits :

1._____

_____

2._____

_____

3._____

_____

4._____

_____

5._____

_____

Opinions :

1._____

_____

2._____

_____

3._____

_____

4._____

_____

5._____

_____

Fait ou Opinion

Instructions : *Regarde attentivement l'image ci-dessous et dis/écris 5 faits et 5 opinions.*

Faits :

1._____
_____

2._____
_____

3._____
_____

4._____
_____

5._____
_____

Opinions :

1._____
_____

2._____
_____

3._____
_____

4._____
_____

5._____
_____

Fait ou Opinion

Instructions : Regarde attentivement l'image ci-dessous et dis/écris 5 faits et 5 opinions.

Faits :

1._____
_____
2._____
_____
3._____
_____
4._____
_____
5._____
_____

Opinions :

1._____
_____
2._____
_____
3._____
_____
4._____
_____
5._____
_____

Fait ou Opinion

Instructions : *Regarde attentivement l'image ci-dessous et dis/écris 5 faits et 5 opinions.*

Faits :

1._____
_____
2._____
_____
3._____
_____
4._____
_____
5._____
_____

Opinions :

1._____
_____
2._____
_____
3._____
_____
4._____
_____
5._____
_____

Fait ou Opinion

Instructions : *Regarde attentivement l'image ci-dessous et dis/écris 5 faits et 5 opinions.*

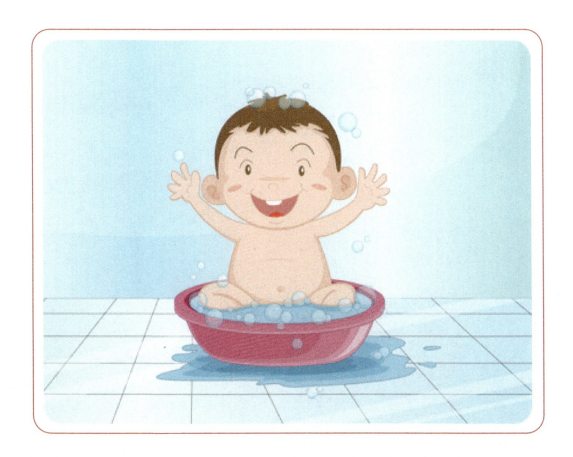

Faits :

1._____
_____
2._____
_____
3._____
_____
4._____
_____
5._____
_____

Opinions :

1._____
_____
2._____
_____
3._____
_____
4._____
_____
5._____
_____

Fait ou Opinion

Instructions : *Regarde attentivement l'image ci-dessous et dis/écris 5 faits et 5 opinions.*

Faits :

1._____
_____
2._____
_____
3._____
_____
4._____
_____
5._____
_____

Opinions :

1._____
_____
2._____
_____
3._____
_____
4._____
_____
5._____
_____

Fait ou Opinion

Instructions : *Regarde attentivement l'image ci-dessous et dis/écris 5 faits et 5 opinions.*

Faits :

1._____

2._____

3._____

4._____

5._____

Opinions :

1._____

2._____

3._____

4._____

5._____

Fait ou Opinion

Instructions : *Regarde attentivement l'image ci-dessous et dis/écris 5 faits et 5 opinions.*

Faits :

1._____

2._____

3._____

4._____

5._____

Opinions :

1._____

2._____

3._____

4._____

5._____

© copyright www.upbility.fr

Fait ou Opinion

Instructions : *Regarde attentivement l'image dis/écris 5 faits et 5 opinions*

Faits :

1._____
_____
2._____
_____
3._____
_____
4._____
_____
5._____
_____

Opinions :

1._____
_____
2._____
_____
3._____
_____
4._____
_____
5._____
_____

Fait ou Opinion

Instructions : *Regarde attentivement l'image ci-dessous et dis/écris 5 faits et 5 opinions.*

Faits :

1._____
2._____
3._____
4._____
5._____

Opinions :

1._____
2._____
3._____
4._____
5._____

Fait ou Opinion

Instructions : Examine les images ci-dessous et dis/écris tous les faits et toutes les opinions que tu peux trouver

Faits sur les poules :

_____
_____
_____
_____
_____

Faits sur les hiboux :

_____
_____
_____
_____
_____

Opinions sur les poules :

_____
_____
_____
_____
_____

Opinions sur les hiboux :

_____
_____
_____
_____
_____

Fait ou Opinion

Instructions : Examine les images ci-dessous et dis/écris tous les faits et toutes les opinions que tu peux trouver

Faits sur les chiens :

_____
_____
_____
_____
_____
_____

Faits sur les chats :

_____
_____
_____
_____
_____
_____

Opinions sur les chiens :

_____
_____
_____
_____
_____
_____

Opinions sur les chats :

_____
_____
_____
_____
_____
_____

Fait ou Opinion

Instructions : Examine les images ci-dessous et dis/écris tous les faits et toutes les opinions que tu peux trouver

 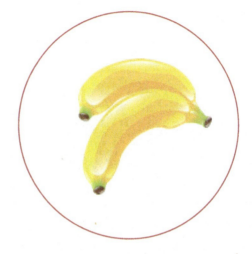

Faits sur les pommes :
_____
_____
_____
_____
_____

Faits sur les bananes :
_____
_____
_____
_____
_____

Opinions sur les pommes :
_____
_____
_____
_____
_____

Opinions sur les bananes :
_____
_____
_____
_____
_____

Fait ou Opinion

Instructions : Examine les images ci-dessous et dis/écris tous les faits et toutes les opinions que tu peux trouver

Faits sur les chocolats :
_____
_____
_____
_____
_____

Faits sur les friandises :
_____
_____
_____
_____
_____

Opinions sur les chocolats :
_____
_____
_____
_____
_____

Opinions sur les friandises :
_____
_____
_____
_____
_____

Fait ou Opinion

Instructions : Examine les images ci-dessous et dis/écris tous les faits et toutes les opinions que tu peux trouver

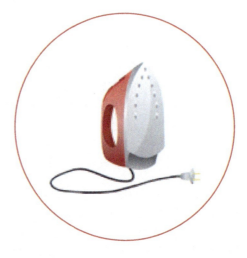

Faits sur l'aspirateur :

_____
_____
_____
_____
_____

Faits sur le fer à repasser :

_____
_____
_____
_____
_____

Opinions sur l'aspirateur :

_____
_____
_____
_____
_____

Opinions sur le fer à repasser :

_____
_____
_____
_____
_____

Fait ou Opinion

Instructions : Examine les images ci-dessous et dis/écris tous les faits et toutes les opinions que tu peux trouver

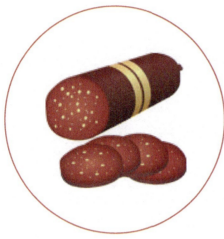
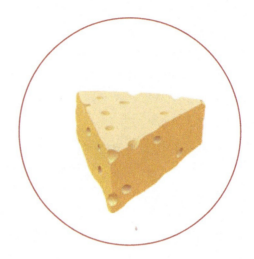

Faits sur les saucissons :

_____
_____
_____
_____
_____

Faits sur les fromages :

_____
_____
_____
_____
_____

Opinions sur les saucissons :

_____
_____
_____
_____
_____

Opinions sur les fromages :

_____
_____
_____
_____
_____

Fait ou Opinion

Instructions : Examine les images ci-dessous et dis/écris tous les faits et toutes les opinions que tu peux trouver

Faits sur les escargots :

_____
_____
_____
_____
_____

Faits sur les lézards :

_____
_____
_____
_____
_____

Opinions sur les escargots :

_____
_____
_____
_____
_____

Opinions sur les lézards :

_____
_____
_____
_____
_____

Fait ou Opinion

Instructions : Examine les images ci-dessous et dis/écris tous les faits et toutes les opinions que tu peux trouver

Faits sur les abeilles :
_____
_____
_____
_____
_____
_____

Faits sur les papillons :
_____
_____
_____
_____
_____
_____

Opinions sur les abeilles :
_____
_____
_____
_____
_____
_____

Opinions sur les papillons :
_____
_____
_____
_____
_____
_____

Fait ou Opinion

Instructions : *Examine les images ci-dessous et dis/écris tous les faits et toutes les opinions que tu peux trouver*

Faits sur les lapins :
_____
_____
_____
_____
_____
_____

Faits sur les tortues :
_____
_____
_____
_____
_____
_____

Opinions sur les lapins :
_____
_____
_____
_____
_____
_____

Opinions sur les tortues :
_____
_____
_____
_____
_____
_____

Fait ou Opinion

Instructions : Examine les images ci-dessous et dis/écris tous les faits et toutes les opinions que tu peux trouver

Faits sur les tomates :
_____
_____
_____
_____
_____
_____

Faits sur les concombres :
_____
_____
_____
_____
_____
_____

Opinions sur les tomates :
_____
_____
_____
_____
_____
_____

Opinions sur les concombres :
_____
_____
_____
_____
_____
_____

Fait ou Opinion

Instructions : *Utilise les mots « Je pense » pour exprimer une opinion et les mots « je sais » pour exprimer un fait, et par la suite, complète les activités ci-dessous (oralement ou par écrit)*

Je pense que _____

_____

_____

Je sais que _____

_____

_____

Je pense que _____

_____

_____

Je sais que _____

_____

_____

Je pense que _____

_____

_____

Je sais que _____

_____

_____

Fait ou Opinion

Instructions : Utilise les mots « Je pense » pour exprimer une opinion et les mots « je sais » pour exprimer un fait, et par la suite, complète les activités ci-dessous (oralement ou par écrit)

Je pense que_____

_____

_____

Je sais que_____

_____

_____

Je pense que_____

_____

_____

Je sais que_____

_____

_____

Je pense que_____

_____

_____

Je sais que_____

_____

_____

Fait ou Opinion

Instructions : *Utilise les mots « Je pense » pour exprimer une opinion et les mots « je sais » pour exprimer un fait, et par la suite, complète les activités ci-dessous (oralement ou par écrit)*

Je pense que_____
_____
_____

Je sais que_____
_____
_____

Je pense que_____
_____
_____

Je sais que_____
_____
_____

Je pense que_____
_____
_____

Je sais que_____
_____
_____

Fait ou Opinion

Instructions : Utilise les mots « Je pense » pour exprimer une opinion et les mots « je sais » pour exprimer un fait, et par la suite, complète les activités ci-dessous (oralement ou par écrit)

Je pense que_____

_____

_____

_____

Je sais que_____

_____

_____

_____

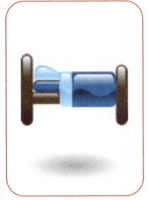

Je pense que_____

_____

_____

_____

Je sais que_____

_____

_____

_____

Je pense que_____

_____

_____

_____

Je sais que_____

_____

_____

_____

Fait ou Opinion

Instructions : Utilise les mots « Je pense » pour exprimer une opinion et les mots « je sais » pour exprimer un fait, et par la suite, complète les activités ci-dessous (oralement ou par écrit)

Je pense que_____

_____

_____

Je sais que_____

_____

_____

Je pense que_____

_____

_____

Je sais que_____

_____

_____

Je pense que_____

_____

_____

Je sais que_____

_____

_____

Fait ou Opinion

Instructions : Utilise les mots « Je pense » pour exprimer une opinion et les mots « je sais » pour exprimer un fait, et par la suite, complète les activités ci-dessous (oralement ou par écrit)

Je pense que_____
_____
_____

Je sais que_____
_____
_____
_____

Je pense que_____
_____
_____

Je sais que_____
_____
_____
_____

Je pense que_____
_____
_____

Je sais que_____
_____
_____
_____

Fait ou Opinion

Instructions : Utilise les mots « Je pense » pour exprimer une opinion et les mots « je sais » pour exprimer un fait, et par la suite, complète les activités ci-dessous (oralement ou par écrit)

Je pense que_____

_____

_____

Je sais que_____

_____

_____

Je pense que_____

_____

_____

Je sais que_____

_____

_____

Je pense que_____

_____

_____

Je sais que_____

_____

_____

Fait ou Opinion

Instructions : Utilise les mots « Je pense » pour exprimer une opinion et les mots « je sais » pour exprimer un fait, et par la suite, complète les activités ci-dessous (oralement ou par écrit)

Je pense que_____

Je sais que_____

Je pense que_____

Je sais que_____

Je pense que_____

Je sais que_____

Fait ou Opinion

Instructions : Utilise les mots « Je pense » pour exprimer une opinion et les mots « je sais » pour exprimer un fait, et par la suite, complète les activités ci-dessous (oralement ou par écrit)

Je pense que_____

_____

_____

Je sais que_____

_____

_____

Je pense que_____

_____

_____

Je sais que_____

_____

_____

Je pense que_____

_____

_____

Je sais que_____

_____

_____

Fait ou Opinion

Instructions : Utilise les mots « Je pense » pour exprimer une opinion et les mots « je sais » pour exprimer un fait, et par la suite, complète les activités ci-dessous (oralement ou par écrit)

Je pense que_____

_____

_____

Je sais que_____

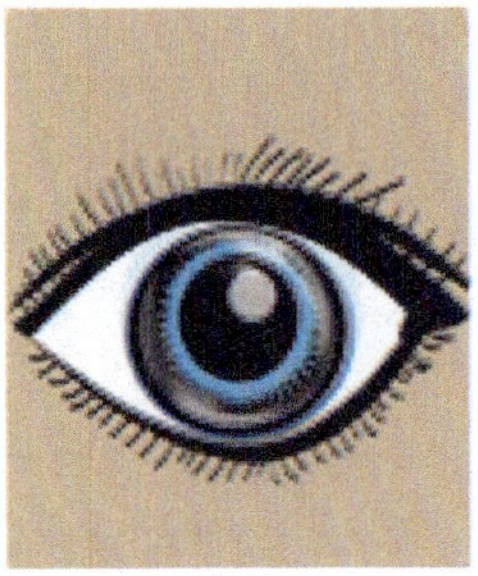

_____

_____

_____

Je pense que_____

_____

_____

Je sais que_____

_____

_____

_____

Je pense que_____

_____

_____

Je sais que_____

_____

_____

_____

Fait ou Opinion

Instructions : Écris à côté de chaque phrase s'il s'agit d'un fait ou d'une opinion.

1. Le cake au chocolat a un goût formidable. _____

2. Le français est un cours très facile. _____

3. Le concombre se mange cru dans une salade. _____

4. Les anniversaires sont les fêtes les plus amusantes. _____

5. L'ouragan est un vent très fort. _____

6. L'été est la meilleure saison de l'année. _____

7. Les mathématiques sont plus difficiles que le français. _____

8. Les livres ont beaucoup ou peu de pages. _____

9. La commode se trouve à côté du lit. _____

10. La carotte est un excellent aliment pour l'organisme. _____

Fait ou Opinion

Instructions : Écris à côté de chaque phrase s'il s'agit d'un fait ou d'une opinion.

1. Les épinards ont une teneur élevée en fer. _____

2. La voiture roule sur l'autoroute. _____

3. Les rois aiment leur peuple. _____

4. Dans les forêts, il y a beaucoup d'animaux et de plantes. _____

5. Ma maison a un jardin, et c'est mieux qu'un appartement. _____

6. Le dromadaire a de la graisse stockée dans sa bosse. _____

7. Dans les palais vivent des personnes importantes. _____

8. L'île est une terre encerclée par de l'eau. _____

9. La France a de nombreuses îles. _____

10. La France a de belles îles. _____

Fait ou Opinion

Instructions : *Écris à côté de chaque phrase s'il s'agit d'un fait ou d'une opinion.*

1. Le carnaval est une belle fête. _____

2. Noël se fête le 25 décembre. _____

3. Il est important de dormir suffisamment pour être en bonne santé. _____

4. Le chien est un meilleur animal domestique que le chat. _____

5. Il y a deux goals au football. _____

6. Le basket est un meilleur sport que le football. _____

7. Le tennis est un sport ennuyeux. _____

8. Le gardien de but est près du goal. _____

9. Dehors, il pleut averse. _____

10. Je pense qu'il va pleuvoir cet après-midi. _____

Fait ou Opinion

Instructions : Écris à côté de chaque phrase s'il s'agit d'un fait ou d'une opinion.

1. Le cheval est mon animal préféré. _____

2. Le ciel est bleu. _____

3. Le bleu est la couleur préférée des garçons. _____

4. La rose a des épines. _____

5. La rose sent bon. _____

6. La pomme est rouge. _____

7. Les lèvres rouges brillent. _____

8. Aujourd'hui, le soleil brille. _____

9. Demain, il va probablement pleuvoir. _____

10. La terre tourne autour du soleil. _____

Fait ou Opinion

Instructions : *Utilise le tableau ci-dessous pour organiser tes informations.*

Thème : « été »

faits :

_____
_____
_____
_____
_____

opinions :

_____
_____
_____
_____
_____

Fait ou Opinion

Instructions : *Utilise le tableau ci-dessous pour organiser tes informations.*

Thème : « hiver »

faits :

_____
_____
_____
_____
_____

opinions :

_____
_____
_____
_____
_____

Fait ou Opinion

Instructions : *Utilise le tableau ci-dessous pour organiser tes informations.*

Thème : « voiture »

faits :

_____
_____
_____
_____
_____
_____

opinions :

_____
_____
_____
_____
_____
_____

Fait ou Opinion

Instructions : *Utilise le tableau ci-dessous pour organiser tes informations.*

Thème : « médecin »

faits :

_____
_____
_____
_____
_____
_____

opinions :

_____
_____
_____
_____
_____
_____

Fait ou Opinion

Instructions : *Utilise le tableau ci-dessous pour organiser tes informations.*

Thème : « ananas »

faits :

_____
_____
_____
_____
_____
_____

opinions :

_____
_____
_____
_____
_____
_____

Fait ou Opinion

Instructions : *Utilise le tableau ci-dessous pour organiser tes informations.*

Thème : « printemps »

faits :

_____
_____
_____
_____
_____

opinions :

_____
_____
_____
_____
_____

Fait ou Opinion

Instructions : Utilise le tableau ci-dessous pour organiser tes informations.

Thème : « anniversaire »

faits :

_____
_____
_____
_____
_____
_____

opinions :

_____
_____
_____
_____
_____
_____

Fait ou Opinion

Instructions : *Utilise le tableau ci-dessous pour organiser tes informations.*

Thème : « ma famille »

faits :

_____
_____
_____
_____
_____
_____

opinions :

_____
_____
_____
_____
_____
_____

Fait ou Opinion

Instructions : *Utilise le tableau ci-dessous pour organiser tes informations.*

Thème : « moi »

faits :

_____
_____
_____
_____
_____
_____

opinions :

_____
_____
_____
_____
_____
_____

Fait ou Opinion

Instructions : *Utilise le tableau ci-dessous pour organiser tes informations.*

Thème : « mon ami »

faits :

_____
_____
_____
_____
_____

opinions :

_____
_____
_____
_____
_____

Fait ou Opinion

Instructions : Complète le tableau ci-dessous conformément aux informations que tu as à ta disposition.

Thème :

« _____ »

faits :

_____
_____
_____
_____
_____
_____

opinions :

_____
_____
_____
_____
_____
_____

Fait ou Opinion

Instructions : Lis le texte ci-dessous. Entoure les phrases qui expriment un fait et souligne les phrases qui expriment une opinion. Choisis ensuite un fait et une opinion et essaie d'expliquer ton choix.

La musique est un art. C'est l'activité humaine la plus importante. La musique tire son nom des neuf muses de l'ancienne mythologie grecque. Les muses étaient d'anciennes divinités. C'étaient de très belles déesses. La meilleure façon de réveiller un enfant est avec de la musique. La musique est la meilleure façon de commencer ta journée. Les chansons ont de la musique. La musique a des sons et des notes. J'aime beaucoup la musique !

Fait (explication) : _____
_____

Opinion (explication) : _____
_____

Fait ou Opinion

Instructions : *Lis le texte ci-dessous. Entoure les phrases qui expriment un fait et souligne les phrases qui expriment une opinion. Choisis ensuite un fait et une opinion et essaie d'expliquer ton choix.*

Le football est un sport d'équipe qui se joue entre deux équipes, en frappant un ballon du pied. Chaque équipe est composée de onze joueurs.

Le but de chaque équipe est de mettre le ballon dans le goal de l'équipe adverse. L'équipe qui a mis le plus de buts à la fin du match a gagné. Le football est le meilleur sport au monde et les footballeurs sont les sportifs les mieux entraînés. Les matchs de football sont très stressants.

Fait (explication) : _____
_____

Opinion (explication) : _____
_____

Fait ou Opinion

Instructions : *Lis le texte ci-dessous. Entoure les phrases qui expriment un fait et souligne les phrases qui expriment une opinion. Choisis ensuite un fait et une opinion et essaie d'expliquer ton choix.*

Les fées sont des créatures imaginaires. Elles ont de longs et beaux cheveux blonds. Elles définissent les destins des hommes et ont des pouvoirs surnaturels. La tradition des fées a été maintenue jusqu'à nos jours. Les enfants aiment beaucoup les fées et les elfes. Il y a des bonnes et des mauvaises fées qui peuvent devenir invisibles, se transformer et transformer d'autres créatures. Nous rencontrons généralement les fées dans les contes de fées.

Fait (explication) : _____

_____

Opinion (explication) : _____

_____

Fait ou Opinion

Instructions : Lis le texte ci-dessous. Entoure les phrases qui expriment un fait et souligne les phrases qui expriment une opinion. Choisis ensuite un fait et une opinion et essaie d'expliquer ton choix.

Le ballet est un type de danse qui est né au 15ème siècle en Italie. Le ballet est enseigné dans des écoles de danse et est généralement accompagné de musique classique. Les pas et les mouvements de danse sont déterminés par la chorégraphie. Le ballet est la meilleure danse. Les ballerines sont de très belles filles avec des années de pratique. Les pointes sont des chaussons de danse avec des bouts renforcés, pour que la ballerine puisse se tenir sur les pointes des pieds et donner l'impression de planer.

Fait (explication) : _____

_____

Opinion (explication) : _____

_____

Fait ou Opinion

Instructions : Lis le texte ci-dessous. Entoure les phrases qui expriment un fait et souligne les phrases qui expriment une opinion. Choisis ensuite un fait et une opinion et essaie d'expliquer ton choix.

Les rêves sont des images et des situations que nous voyons pendant notre sommeil. Les mauvais rêves s'appellent des cauchemars. Souvent nos rêves affectent notre humeur. Rêver semble être un besoin naturel du corps, ansi, quand quelqu'un reste sans sommeil pendant plusieurs jours, il commence à rêver en étant éveillé. Plusieurs psychanalystes ont travaillé sur l'interprétation des rêves.

Fait (explication) : _____

_____

Opinion (explication) : _____

_____

Fait ou Opinion

Instructions : Lis le texte ci-dessous. Entoure les phrases qui expriment un fait et souligne les phrases qui expriment une opinion. Choisis ensuite un fait et une opinion et essaie d'expliquer ton choix.

Les dinosaures sont des animaux préhistoriques qui ont vécu sur terre pendant plus de 160 millions d'années. Ils sont apparus il y a 230 millions d'années.

Les dinosaures enflamment l'imagination des enfants. C'étaient des animaux intelligents. La cause de la disparition des dinosaures reste encore floue. Mais la plupart des scientifiques croient qu'un grand astéroïde, qui est tombé sur la Terre dans la région du Mexique actuel, il y a environ 65 millions d'années, a causé la disparition massive des dinosaures.

Fait (explication) : _____
_____

Opinion (explication) : _____
_____

Fait ou Opinion

Instructions : Lis le texte ci-dessous. Entoure les phrases qui expriment un fait et souligne les phrases qui expriment une opinion. Choisis ensuite un fait et une opinion et essaie d'expliquer ton choix.

Les déserts représentent un tiers de la surface de la terre. Dans le désert, la température est élevée pendant la journée et

basse pendant la nuit. Le désert se compose souvent de surfaces de sable et de pierres. Le plus grand désert est le Sahara, en Afrique. Le désert est un endroit fascinant que je voudrais un jour visiter !

Fait (explication) : _____

_____

Opinion (explication) : _____

_____

Fait ou Opinion

Instructions : Lis le texte ci-dessous. Entoure les phrases qui expriment un fait et souligne les phrases qui expriment une opinion. Choisis ensuite un fait et une opinion et essaie d'expliquer ton choix.

Un explorateur est quelqu'un qui cherche et découvre des lieux inconnus. Les explorateurs sont des gens avec un esprit agité.

L'Italien Christophe Colomb est considéré comme l'homme qui a officiellement découvert l'Amérique, malgré le fait que nous avons suffisamment de preuves qui prouvent que les Vikings et peut-être les Chinois et les Phéniciens l'ont découverte plusieurs centaines d'années plus tôt. Le premier voyage de Colomb a commencé le 3 août 1492.

Fait (explication) : _____
_____

Opinion (explication) : _____
_____

Fait ou opinion

Instructions : *Lis chaque phrase et entoure ensuite la bonne réponse (fait/opinion). Explique ta réponse.*

1. La pomme est un fruit délicieux.   FAIT   OPINION

Explication : _____

2. La banane pousse dans les climats chauds.   FAIT   OPINION

Explication : _____

3. Le kiwi a plus de vitamine C que tout autre fruit.   FAIT   OPINION

Explication : _____

4. L'orange est un fruit très amer.   FAIT   OPINION

Explication : _____

5. La fraise est un fruit très aromatique.   FAIT   OPINION

Explication : _____

6. L'Italie a la plus grande production de poires au monde.   FAIT   OPINION

Explication : _____

7. Les cerises sont les fruits préférés des enfants.   FAIT   OPINION

Explication : _____

8. Les baies sont des fruits horribles.   FAIT   OPINION

Explication : _____

9. Les mandarines sont plus sucrées que les oranges.   FAIT   OPINION

Explication : _____

10. La pastèque contient beaucoup d'eau.   FAIT   OPINION

Explication : _____

11. La mangue est un fruit exotique.   FAIT   OPINION

Explication : _____

12. Les melons sont parmi les fruits d'été les plus populaires.   FAIT   OPINION

Explication : _____

Fait ou Opinion

Instructions : *Lis chaque phrase et entoure ensuite la bonne réponse (fait/opinion). Explique ta réponse.*

1. Le poisson-chat est la créature la plus laide de la mer.   FAIT   OPINION

Explication : _____

2. La raie est carnivore et attaque les troupeaux de poissons.   FAIT   OPINION

Explication : _____

3. Les baleines sont des mammifères cétacés qui vivent dans l'eau.   FAIT   OPINION

Explication : _____

4. Le dauphin est l'animal de plus intelligent au monde.   FAIT   OPINION

Explication : _____

5. Le requin est l'animal le plus sauvage de la mer.   FAIT   OPINION

Explication : _____

6. L'espadon mesure jusqu'à 4 - 4,5 mètres.   FAIT   OPINION

Explication : _____

7. La méduse est la chose la plus étrange au monde.   FAIT   OPINION

Explication : _____

8. L'étoile de mer est en forme d'étoile.   FAIT   OPINION

Explication : _____

9. La pieuvre est l'un des invertébrés les plus intelligents.   FAIT   OPINION

Explication : _____

10. L'oursin vit dans les fonds marins, dans des endroits avec des algues ou sur des rochers.   FAIT   OPINION

Explication : _____

11. Les crabes sont des animaux adorables.   FAIT   OPINION

Explication : _____

12. Les poissons rouges ont plusieurs teintes dans leurs écailles.   FAIT   OPINION

Explication : _____

Fait ou Opinion

Instructions : Lis chaque phrase et entoure ensuite la bonne réponse (fait/opinion). Explique ta réponse.

1. Le réfrigérateur sert pour le stockage et la conservation des aliments.   FAIT   OPINION

Explication : _____

2. Le grille-pain est un appareil électrique avec lequel nous grillons du pain.   FAIT   OPINION

Explication : _____

3. La télévision est le meilleur appareil qui a été inventé.   FAIT   OPINION

Explication : _____

4. Le téléphone se compose d'un émetteur et un récepteur.   FAIT   OPINION

Explication : _____

5. La radio nous accompagne dans tous les moments de la journée.   FAIT   OPINION

Explication : _____

6. Le four est l'appareil le plus utile.   FAIT   OPINION

Explication : _____

7. Le téléphone mobile est un appareil sans fil.   FAIT   OPINION

Explication : _____

8. Les enfants utilisent avec facilité l'ordinateur.   FAIT   OPINION

Explication : _____

9. La machine à laver se sert de l'eau comme agent de nettoyage principal.   FAIT   OPINION

Explication : _____

10. Le radiateur chauffe mieux que la cheminée.   FAIT   OPINION

Explication : _____

11. Il y a trois types de ventilateurs : de plafond, de table et de sol.   FAIT   OPINION

Explication : _____

12. Le ventilateur de plafond est meilleur que le ventilateur de table.   FAIT   OPINION

Explication : _____

Fait ou Opinion

Instructions : Lis chaque phrase et entoure ensuite la bonne réponse (fait/opinion). Explique ta réponse.

1. Les aigles sont de grands oiseaux prédateurs.   FAIT   OPINION

Explication : _____

2. Le chat est un animal qui aime les caresses.   FAIT   OPINION

Explication : _____

3. Le gorille a de petites oreilles, collées à son crâne.   FAIT   OPINION

Explication : _____

4. Le renard est l'animal le plus rusé sur terre.   FAIT   OPINION

Explication : _____

5. L'espérance de vie d'un hippopotame est d'environ 40 à 50 ans.   FAIT   OPINION

Explication : _____

6. Le panda géant vit dans les montagnes de Chine centrale.   FAIT   OPINION

Explication : _____

7. Le mouton est un animal très doux.   FAIT   OPINION

Explication : _____

8. Le tigre est le plus populaire des grands mammifères.   FAIT   OPINION

Explication : _____

9. Certains lions mâles pèsent plus de 250 kilos.   FAIT   OPINION

Explication : _____

10. Le canard est un oiseau omnivore.   FAIT   OPINION

Explication : _____

11. Le perroquet est un très bel oiseau.   FAIT   OPINION

Explication : _____

12. Le cochon est un animal sale.   FAIT   OPINION

Explication : _____

Printed by Amazon Italia Logistica S.r.l.
Torrazza Piemonte (TO), Italy